즐겁다
한글

6~7세

병아리는

삐	약	삐	약

참새는

짹	짹

개는

멍	멍

닭은

꼬	끼	오

3

⭐ 다음 ☐ 안에 쓴 글을 따라 써 보세요.

오리는 | 꽥 | 꽥 |

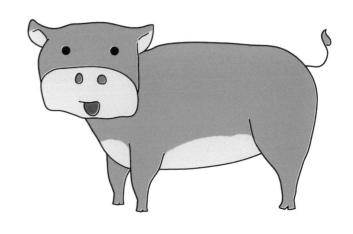

송아지는 | 음 | 매 | 애 |

병아리는

| 삐 | 약 | 삐 | 약 |

개구리는

| 개 | 굴 | 개 | 굴 |

⭐ 알맞은 그림과 선으로 연결하고 빈칸에 따라 써 보세요.

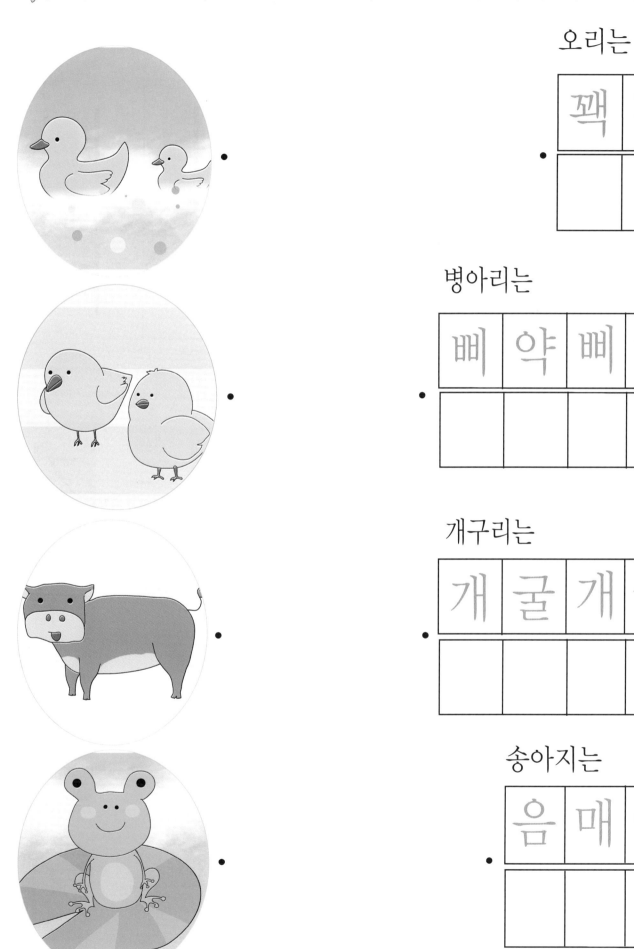

오리는

꽥	꽥

병아리는

삐	약	삐	약

개구리는

개	굴	개	굴

송아지는

음	매	애

☆ 빈칸에 알맞은 낱자를 써 넣어 그림에 맞는 낱말을 만들어 보세요.

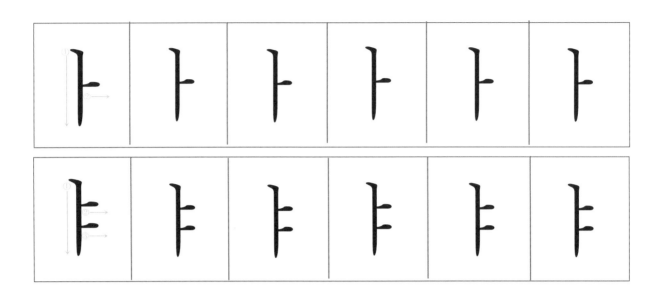

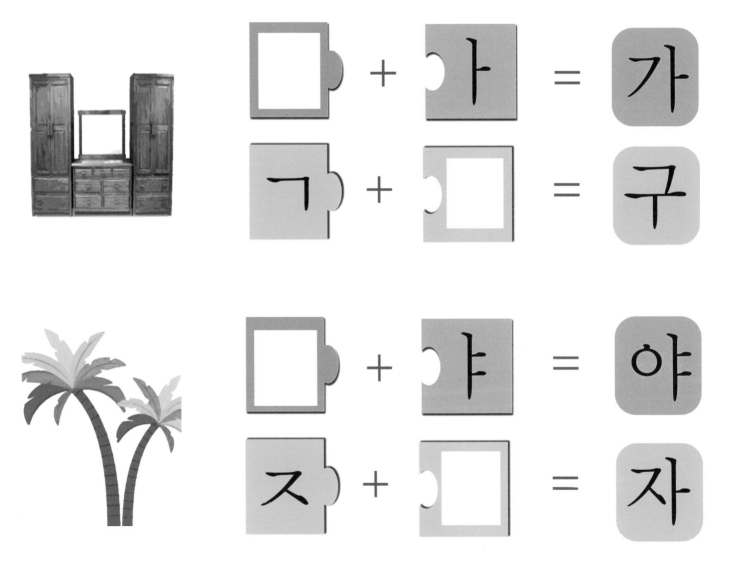

마	두	수

구	
	더
	지

독	
	박
리	

교실에서 나는 소리입니다

어린이는

장난꾸러기는

시	끌	시	끌

의자소리가

삐	걱	삐	걱

쉬는 시간에는

쿵	쾅	쿵	쾅

✰ 알맞은 그림을 선으로 연결하고 빈칸에 따라 써 보세요.

장난꾸러기는

시	끌	시	끌

의자소리가

삐	걱	삐	걱

어린이는

와	글	와	글

쉬는 시간에는

쿵	쾅	쿵	쾅

동물들의 걷는 모습입니다

⭐다음 □ 안에 쓴 글을 따라 써 보세요.

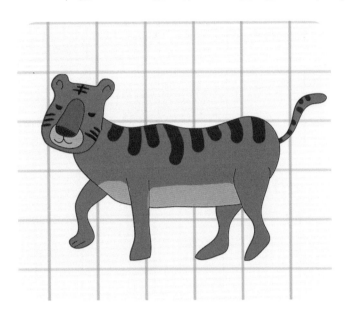

호랑이는

곰은

기린은

코끼리는

뚜 벅 뚜 벅

족제비는

살	금	살	금

원숭이는

사	뿐	사	뿐

오리는

뒤	뚱	뒤	뚱

원앙새는

살	랑	살	랑

☆ 알맞은 그림과 선으로 연결하고 빈칸에 따라 써 보세요.

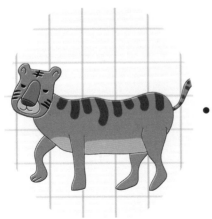

곰은

슬	금	슬	금

기린은

성	큼	성	큼

호랑이는

어	슬	렁

코끼리는

뚜	벅	뚜	벅

☆ 알맞은 그림과 선으로 연결하고 빈칸에 따라 써 보세요.

오리는

뒤	뚱	뒤	뚱

족제비는

살	금	살	금

원숭이는

사	뿐	사	뿐

원앙새는

살	랑	살	랑

자연이 만든 모습입니다

⭐ 다음 ⬜ 안에 쓴 글을 따라 써 보세요.

태극기는

펄	럭	펄	럭

구름은

뭉	게	뭉	게

강가의 모래는

반	짝	반	짝

과수원의 사과는

주	렁	주	렁

★ 알맞은 그림과 선으로 연결하고 빈칸에 따라 써 보세요.

태극기는

펄	럭	펄	럭

구름은

뭉	개	뭉	개

강가의 모래는

반	짝	반	짝

과수원의 사과는

주	렁	주	렁

색깔을 알아봐요

⭐ 다음 ☐ 안에 쓴 글을 따라 써 보세요.

노	란	색

바나나

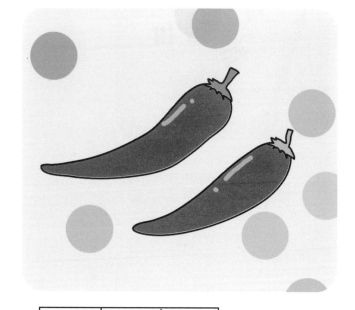

빨	간	색

고추

하	얀	색

승용차

검	은	색

기차

| 보 | 라 | 색 | 가지

| 분 | 홍 | 색 | 감

| 초 | 록 | 색 | 수박

| 연 | 두 | 색 | 오이

어떻게 세나요

⭐ 다음은 어떻게 세는 지 알아 봅시다.

버스가 | 두 | 대 |

친구가 | 두 | 명 |

개가 | 세 | 마 | 리 |

공이 | 네 | 개 |

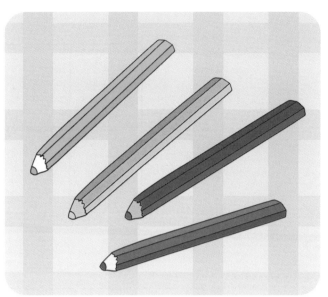

연필이 네 자 루

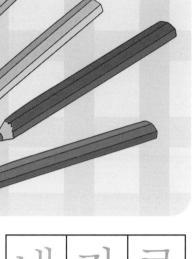

종이가 두 장

동화책이 세 권

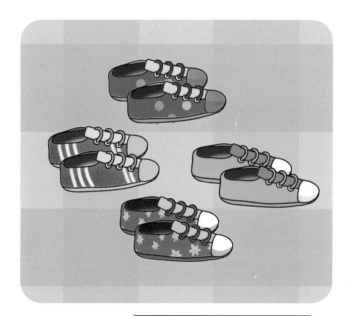

신발이 네 켤 레

알맞은 그림과 선으로 연결하고 빈칸에 따라 써 보세요.

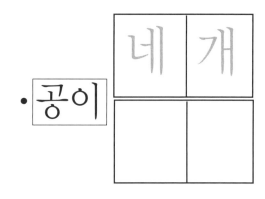

· 공이

네	개

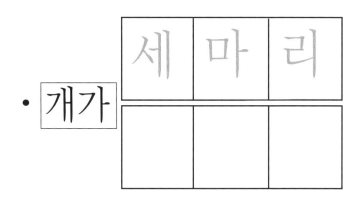

· 개가

세	마	리

· 친구가

두	명

· 버스가

두	대

☆ 알맞은 그림과 선으로 연결하고 빈칸에 따라 써 보세요.

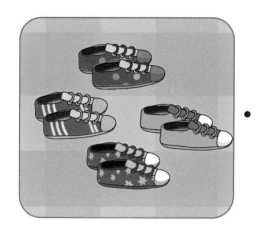

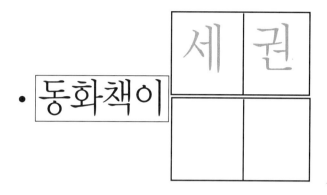

· 동화책이

세	권

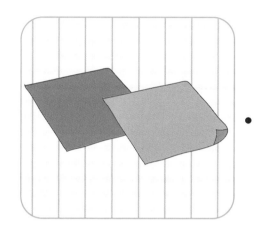

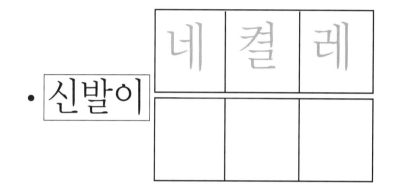

· 신발이

네	켤	레

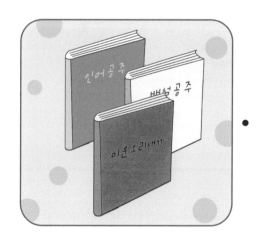

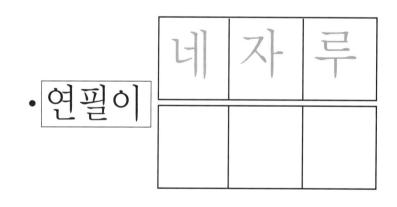

· 연필이

네	자	루

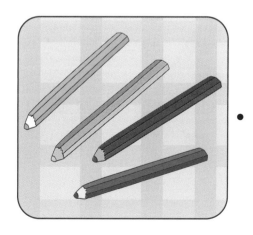

· 종이가

두	장

⭐ 낱자에 받침을 더하면 무슨글자가 되는 지 살펴 보세요.

무 + ㄹ → 물

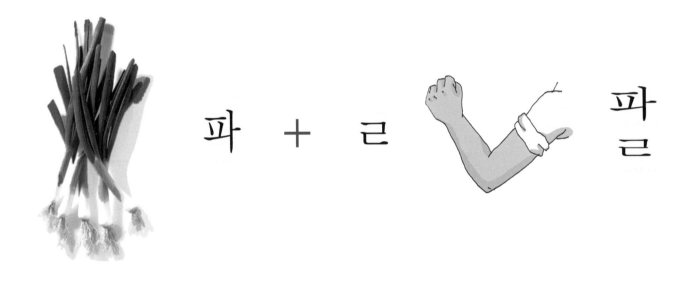

파 + ㄹ → 팔

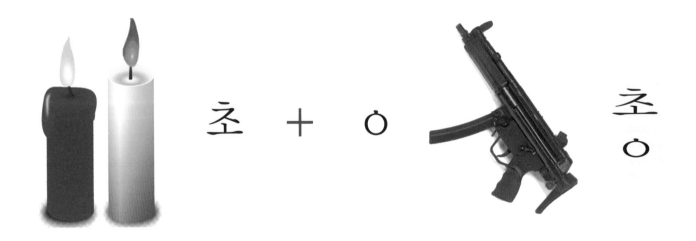

초 + ㅇ → 총

⭐ 서로 맞게 선으로 연결하고 빈칸에 알맞은 글자를 써 넣으세요.

ㅓ	ㅓ	ㅓ	ㅓ	ㅓ	ㅓ
ㅕ	ㅕ	ㅕ	ㅕ	ㅕ	ㅕ

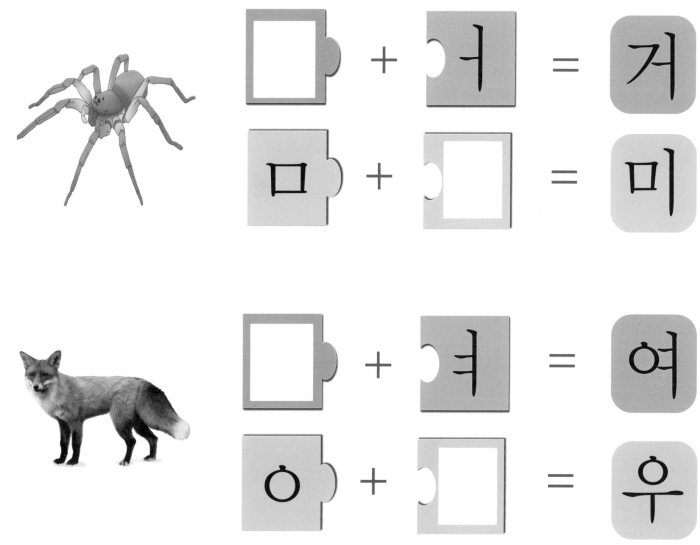

ㅁ + ㅓ = 거

ㅁ + ☐ = 미

ㅁ + ㅕ = 여

ㅇ + ☐ = 우

⭐ 다음쪽 보기에서 알맞은 글자를 골라 빈칸에 써 넣어 보세요.

	미

제	

새	

	자

	나	무

매	

	과

다	람	

☆ 알맞은 그림과 선으로 연결하고 빈칸에 따라 써 보세요.

새	우

의	자

개	미

제	비

☆ 알맞은 그림과 선으로 연결하고 빈칸에 따라 써 보세요.

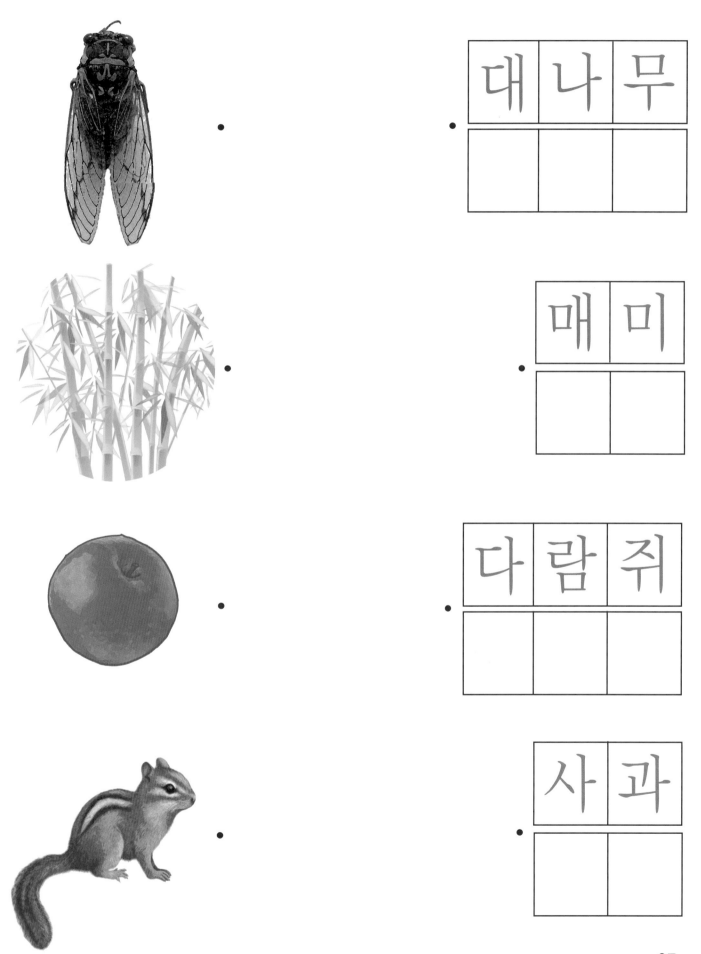

대	나	무

매	미

다	람	쥐

사	과

☆ 다음 빈칸에 들어갈 낱말을 아래에 써 봅시다.

바람이 ☐☐

분 다

비가 ☐☐

온 다

참새가 ☐☐

운 다

꽃이 ☐☐☐

피 었 다

☆ 다음 빈칸에 들어갈 낱말을 예쁘게 따라 써 봅시다.

· 바람이

분	다

· 비가

온	다

· 참새가

운	다

· 꽃이

피	었	다

☆ 다음 빈칸에 들어갈 낱말을 아래에 써 봅시다.

국어 □□
시 간 이다

아기가 □□
잔 다

파도가 □□
친 다

불이 □□
났 다

☆ 다음 빈칸에 들어갈 낱말을 아래에 따라 써 봅시다.

• 국어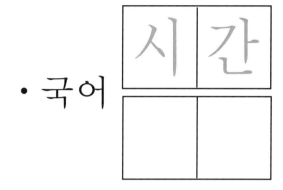

시 간

• 아기가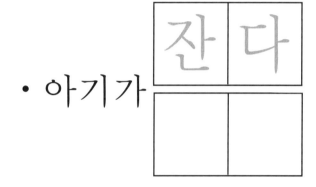

잔 다

• 파도가

친 다

• 불이

났 다

✸ 다음은 새롬이가 학교 운동장에서 본 것들입니다. 이를 아래에 예쁘게 따라 써 보세요.

운	동	장

미	끄	럼	틀

그 네

계 단

화 단

현 관

★ 알맞은 그림과 선으로 연결하고 빈칸에 따라 써 보세요.

미	끄	럼	틀

운	동	장

계	단

그	네

☆ 알맞은 그림과 선으로 연결하고 빈칸에 따라 써 보세요.

화	단

축	구	공

계	단

현	관

⭐ 받침이 없는 낱말입니다.

거 미

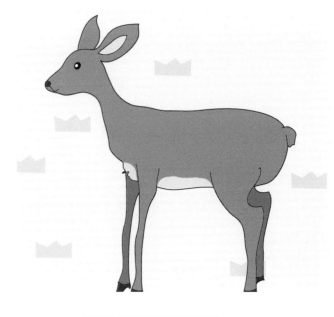

노 루

두 부

여 우

모자

바지

주스

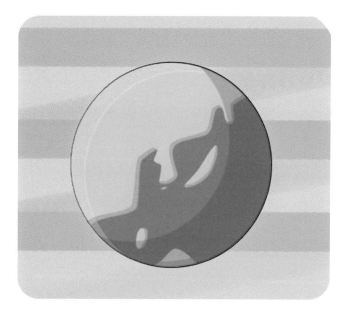

지구

★ 받침이 한 개 있는 낱말입니다.

감자

국수

김치

늑대

만두

염소

잔디

편지

★ 받침이 두 개 있는 낱말입니다.

젊 은

닭

많 다

없 다

★ 이중모음이 있는 낱말입니다.

개미

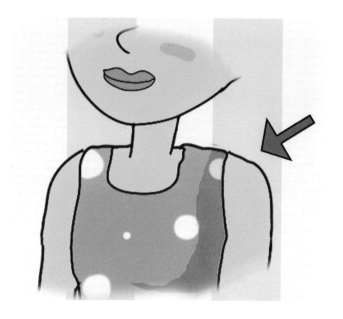

어깨

외등

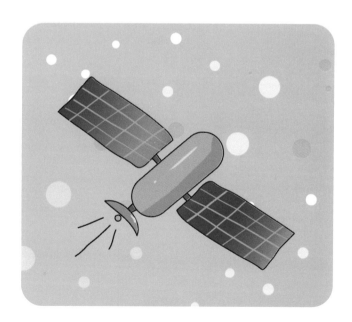

위성

☆ 알맞은 그림과 선으로 연결하고 빈칸에 따라 써 보세요.

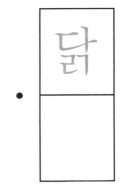

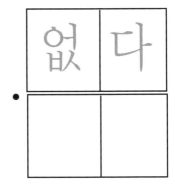

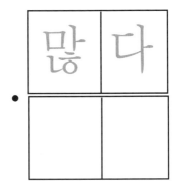

☆ 알맞은 그림과 선으로 연결하고 빈칸에 따라 써 보세요.

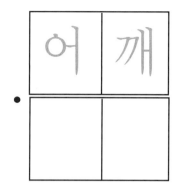
어 깨

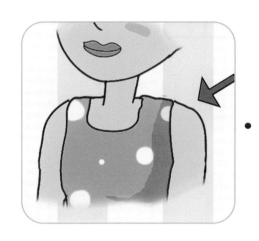

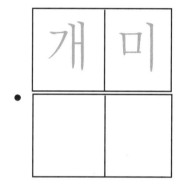
개 미

외 등

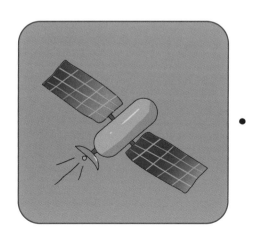

위 성

☆ 그림과 맞게 맞추고 빈칸에 알맞은 낱자를 써 넣으세요.

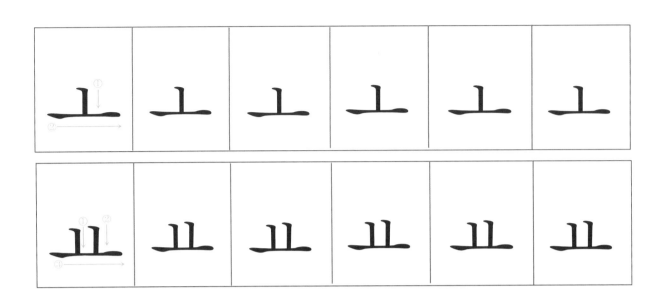

☆ 그림과 맞게 선으로 연결하고 빈칸에 글자를 써 넣으세요.

오 리

오 이

요 리

요 강

⭐ 아래 빈칸에 알맞은 낱말을 넣어 문장을 완성하여 보세요.

새롬이가 사 탕 을 가졌습니다.

새롬이가 수 박 을 먹습니다.

곰이 피 아 노 를 칩니다.

모두가 즐 겁 게 놉니다.

새롬이가

사	탕	을		가	졌	습
사	탕	을		가	졌	습

새롬이가

수	박	을		먹	습	니
수	박	을		먹	습	니

곰이

피	아	노	를		칩	니
피	아	노	를		칩	니

모두가

즐	겁	게		놉	니	다	.
즐	겁	게		놉	니	다	.

⭐ 알맞은 인사말을 골라 보세요.

할아버지, 할머니 그동안 건강하셨어요?

선생님, 안녕하세요?

영이야, 안녕, 그동안 잘 있었니?

오래만에 할아버지,
할머니를 뵈었을 때.

☆ 알맞은 인사말을 찾아 선으로 연결해 보세요.

학교 운동장에서 선생님을 만났을 때.

학교 운동장에서 며칠 못 보던 친구를 만났을 때.

학교 공부를 마치고 집으로 돌아갈 때.

☆다음 인삿말을 따라 쓰세요.

신생님, 안녕하세요?

학교 운동장에서 선생님을 만났을 때.					
선	생	님	,	안	녕	하
세	요	?				

그래, 내일 또 보자

공부를 마치고 집으로 돌아갈 때				
그	래	,	내	일	또
보	자	.			

영희야, 안녕. 그 동안 잘 있었니?

학교 운동장에서 며칠 못 본 친구를 만났을 때				
영	희	야	,	안	녕	.
그	동	안		잘		있

엄마가 맛있는 음식을 해 주실 때.				
엄	마	,	잘	먹	겠
습	니	다	.		

아침에 자고나면 부모님께				
아	빠	,	엄	마	안
녕	히		주	무	셨	어

고마운 마음을 나타낼 때.				
고	맙	습	니	다	.

51

✰ 다음 서로 알맞은 것끼리 선으로 연결해 보세요.

엄마가 맛있는 간식을 해 주셨을 때

안녕하세요?

친구에게 좋은 일이 생겼을 때

축하해.

길에서 선생님을 만났을 때

안녕히
주무셨어요?

아침에 자고나면 부모님께

엄마, 잘
먹겠습니다.

고마운 마음을 나타낼 때

· 　　　안녕,
　　　내일 보자.

이웃집 어른을 만났을 때.

· 　다녀오겠습니다

밖에 나갈 때

· 　고맙습니다

친구와 헤어질 때

· 　안녕하세요?

★ ㅏ, ㅑ, ㅓ, ㅕ, ㅗ가 ㄱ, ㄴ, ㄷ, ㄹ, ㅁ, ㅂ, ㅅ을 만났을 때 어떤 글자가 되는지 보고 아래에 따라 써 봅시다.

ㅏ	ㅑ	ㅓ	ㅕ	ㅗ
아	야	어	여	오

ㄱ	가	갸	거	겨	고
ㄴ	나	냐	너	녀	노
ㄷ	다	댜	더	뎌	도
ㄹ	라	랴	러	려	로
ㅁ	마	먀	머	며	모
ㅂ	바	뱌	버	벼	보
ㅅ	사	샤	서	셔	소

☆ ㅛ, ㅜ, ㅠ, ㅡ, ㅣ가 ㅇ, ㅈ, ㅊ, ㅋ, ㅌ, ㅍ, ㅎ을 만났을 때 어떤 글자가 되는지 보고 아래에 따라 써 봅시다.

ㅛ	ㅜ	ㅠ	ㅡ	ㅣ
요	우	유	으	이

	ㅛ	ㅜ	ㅠ	ㅡ	ㅣ
ㅇ	요	우	유	으	이
ㅈ	죠	주	쥬	즈	지
ㅊ	쵸	추	츄	츠	치
ㅋ	쿄	쿠	큐	크	키
ㅌ	툐	투	튜	트	티
ㅍ	표	푸	퓨	프	피
ㅎ	효	후	휴	흐	히

☆ '一,ㅠ'가 'ㅏ,ㅑ,ㅗ'를 만나 어떤 글자가 되는 지 살펴 보세요.

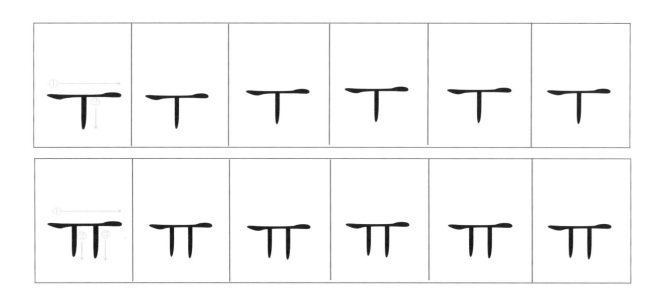

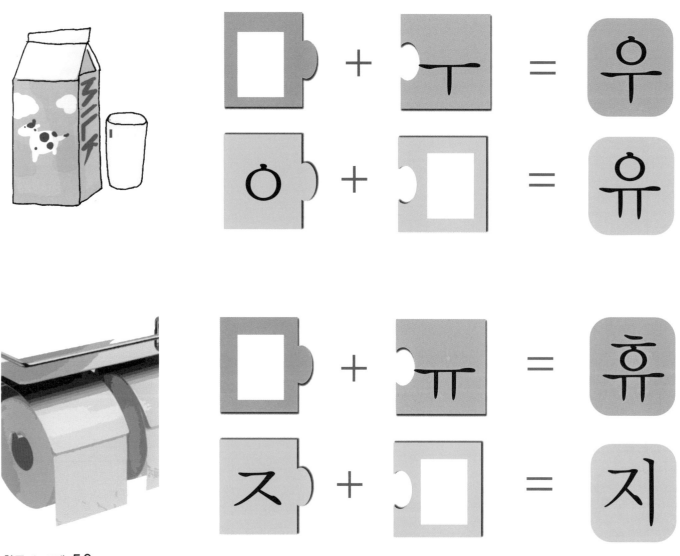

☆ '자음자' 와 '모음자' 를 합하여 글자를 만들어 보세요.

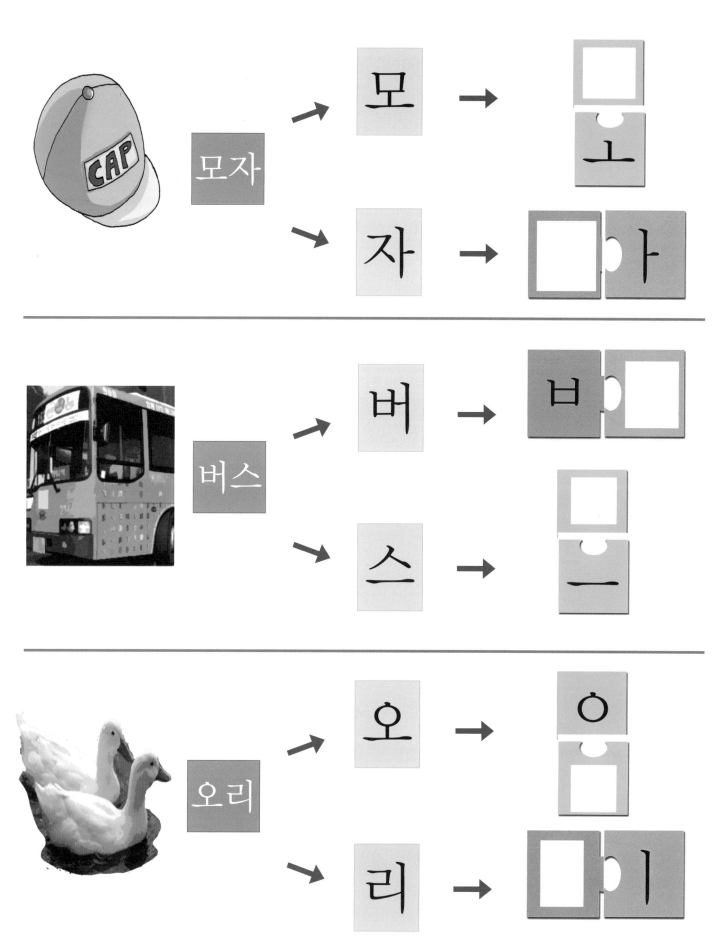

✏️ 글을 읽고 다음 쪽에 예쁘게 따라 써 보세요.

우리 가족

가족은요.

하는 일을 서로 도와주어요.

혼자하면 힘들지만

함께하면 기분 좋은 놀이가 되어요.

나는야 꼬마 도우미예요.

무엇이든 다 도울 거예요.

다음 글을 정확히 읽어 보세요.

밤길

김종상

어두운 밤길에서

넘어질까 봐,

달님이 따라오며

비추어 줘요.

우리 가족은요.

우	리		가	족	은	요	,

하는 일을 서로 도와줘요.

하	는		일	을		서	로
도	와	줘	요	.			

혼	자	하	면		힘	들	지	만
함	께	하	면					

기분 좋은 놀이가 되어요.

기	분		좋	은		놀	이	가
되	어	요	.					

☆ 퍼즐이 서로 맞게 찾아 알맞은 글자를 만들어 보세요.

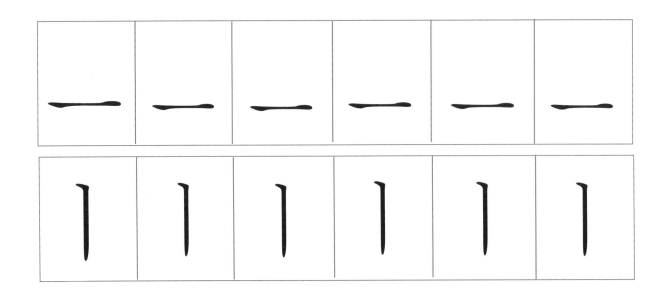

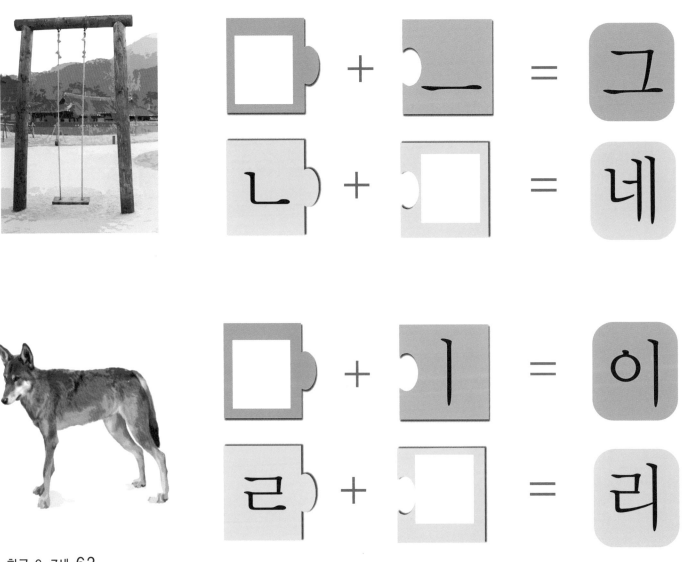